BEI GRIN MACHT SICH IHR WISSEN BEZAHLT

- Wir veröffentlichen Ihre Hausarbeit, Bachelor- und Masterarbeit

- Ihr eigenes eBook und Buch - weltweit in allen wichtigen Shops

- Verdienen Sie an jedem Verkauf

Jetzt bei www.GRIN.com hochladen und kostenlos publizieren

Bibliografische Information der Deutschen Nationalbibliothek:

Die Deutsche Bibliothek verzeichnet diese Publikation in der Deutschen Nationalbibliografie; detaillierte bibliografische Daten sind im Internet über http://dnb.d-nb.de/ abrufbar.

Dieses Werk sowie alle darin enthaltenen einzelnen Beiträge und Abbildungen sind urheberrechtlich geschützt. Jede Verwertung, die nicht ausdrücklich vom Urheberrechtsschutz zugelassen ist, bedarf der vorherigen Zustimmung des Verlages. Das gilt insbesondere für Vervielfältigungen, Bearbeitungen, Übersetzungen, Mikroverfilmungen, Auswertungen durch Datenbanken und für die Einspeicherung und Verarbeitung in elektronische Systeme. Alle Rechte, auch die des auszugsweisen Nachdrucks, der fotomechanischen Wiedergabe (einschließlich Mikrokopie) sowie der Auswertung durch Datenbanken oder ähnliche Einrichtungen, vorbehalten.

Impressum:

Copyright © 2017 GRIN Verlag
Druck und Bindung: Books on Demand GmbH, Norderstedt Germany
ISBN: 9783668794719

Dieses Buch bei GRIN:

https://www.grin.com/document/438830

Patricia Heim

Trauma und die heilpädagogische Begleitung durch trauma- und erlebnispädagogische Aspekte

GRIN Verlag

GRIN - Your knowledge has value

Der GRIN Verlag publiziert seit 1998 wissenschaftliche Arbeiten von Studenten, Hochschullehrern und anderen Akademikern als eBook und gedrucktes Buch. Die Verlagswebsite www.grin.com ist die ideale Plattform zur Veröffentlichung von Hausarbeiten, Abschlussarbeiten, wissenschaftlichen Aufsätzen, Dissertationen und Fachbüchern.

Besuchen Sie uns im Internet:

http://www.grin.com/

http://www.facebook.com/grincom

http://www.twitter.com/grin_com

TRAUMA

und die heilpädagogische Begleitung durch trauma-und erlebnispädagogische Aspekte

Dieser Themenbericht greift das Thema „Trauma" auf. Ein kurzer Grundlagendiskurs des Traumaparadigmas schafft ein Verstehen bezüglich des originellen Verhaltens der Adressaten. Basierend auf diesem Grundlagenwissen erarbeite ich die notwendigen traumapädagogischen Rahmenaspekte und Beziehungsvariablen als Basis der heilpädagogischen Arbeit. Des Weiteren stelle ich als Praxisteil erlebnispädagogische Aspekte vor, die den einzelnen Adressaten korrigierende Erfahrungen ermöglichen.

Patricia Heim

Inhalt

1. Einleitung 2
   1.1 Beschreibung der Praxissituation 2
   1.2 Fragestellung und Begründung 2
2. **Hauptteil** 2
   2.1 Die verletzte Kinderseele verstehen 2
      2.1.1 neurobiologische Aspekte eines Traumas in der Kindheit 3
      2.1.2 Folgen traumatischer Erfahrungen 4
   2.2 Was brauchen verletzte Kinderseelen? 5
      2.2.1 Rahmenaspekte einer „Pädagogik des sicheren Ortes" 6
      2.2.2 Beziehungsvariablen 7
   2.3. korrigierende Erfahrungen und Lernprozesse durch die Erlebnispädagogik 9
3. **Fazit** 11
   3.1 Darstellung der gewonnenen Erkenntnisse 11
   Literaturangabe 12

1. Einleitung
1.1 Beschreibung der Praxissituation

Gerrit und Nico sind lebensgeschichtlich besonders in Bezug auf Bindungsrepräsentationen stark belastet. Sie zeigen Verhaltensauffälligkeiten in Bereich von Hyperaktivität, Impulsivausbrüche, Übererregung, Stimmungslabilität. Dies schwankte so sehr, dass es mir auch recht schwer fiel, dieses Verhalten richtig einzuordnen (Warum handelt er nun so und nicht anders?) und darauf adäquat zu reagieren. Thalea hingegen zeigt zeitweise soziale Ängstlichkeit und wenig Selbstvertrauen. Alle Adressaten haben gemeinsam, dass sie seelisch belastet sind- hauptsächlich durch familiäre Situationen. Hierbei zeigen sie sich sehr verschlossen.

1.2 Fragestellung und Begründung

Grundlegend frage ich mich, wodurch ich traumatisierte Menschen unterstützen kann, d.h. welche Rahmenaspekte sind notwendig, wie gestaltet sich die Beziehung zwischen mir und dem Adressat und welche Aktivitäten können für die Personengruppe korrigierend sein. Für mich ist die thematische Auseinandersetzung des Themas wichtig, um den traumatisierten Menschen zu verstehen. Erst wenn ich mich mit dem Traumata, Emotionalität den Menschen und neurologischen Gegebenheiten intensiv auseinandersetze, kann ich die Überregtheitszustände, Impulsivausbrüche und Stimmungslabilität meiner Adressaten verstehen. Es ist wichtig, das Verhalten von Gerrit, Nico und Thalea zu verstehen, um daraus Handlungsvariablen auf sie zuschneiden zu können.

2. Hauptteil
2.1 Die verletzte Kinderseele verstehen

Trauma bedeutet übersetzt „Wunde". Der Begriff Trauma wird nicht nur im medizinischen Sinne bezüglich äußeren Verletzungen, sondern auch in der Psychologie verwendet. In der Psychologie bezieht sich der Begriff auf einen seelischen Schock, welcher vorwiegend mit einem Ereignis in Verbindung steht. Nach F. Shapiro wird zwischen dem Big-T-Traumata und dem Small-t-Traumata unterschieden (vgl. Gahleitner/Hensel, 2016, 18 f.).

- Big-T-Traumata sind langanhaltende oder sich wiederholende Erfahrungen existentieller Lebensbedrohung. Dazu gehören: Gewalteinwirkung im Krieg oder kriminellen Kontext, Natur-Verkehrskatastrophen, Unfälle, schwere Erkrankung, familiäre und partnerschaftliche Gewalt, plötzlicher Verlust vertrauter Menschen
- Small-t-Traumata sind scheinbar weniger katastrophale Ereignisse in sozialen Beziehungskontexten, wie Schreck, Angst, Demütigung, bestürzende Beschämung und Verunsicherung verbunden mit vermeintlicher oder real hervorgerufener Schuld (z.B. Mobbing).

Nicht jeder ist trotz traumatischer Erfahrungen gleich traumatisiert. Je nach Bewältigungsstrategien, Resilienzen und weiterer Beziehungssysteme im sozialen Umfeld kann dies sehr unterschiedlich ausgeprägt sein (vgl. Gahleitner/Hensel, 2016, 18 f.). Nico, Thalea und Gerrit lassen sich in das Small-t-Traumata einordnen, da sich ihre Belastungen vorwiegenden in sozialen Beziehungskontexten bewegen. Darauf möchte ich nun näher eingehen.

Aus Ereignissen wie seelischer und körperlicher Misshandlung, sexueller Gewalt oder extremer Verwahrlosung, die zu intensiver Angst, Hilflosigkeit, Kontrollverlust und Bedrohtheitsgefühlen des Kindes führen, kann zum Beispiel Traumata entstehen. Die dem Menschen zur Verfügung stehenden Anpassungs-und Schutzmechanismen versagen. Dies zieht wiederum neurophysiologische und psychologische Beeinträchtigungen nach sich. Der Mensch ist in seiner Bindungsfähigkeit und Bindungsbereitschaft oftmals tief zerstört und es entwickelt sich eine verzerrte Wahrnehmung, ein instabiles Selbstkonzept, welches zu einer mangelnden Affektkontrolle führt. Die Umwelt wird oftmals so wahrgenommen, als wenn ihnen jederzeit gleichartige Bedrohung erneut widerfahren könnte. Panikattacken, Impulsivausbrüche, Überregtheitszustände, Zerstörungswut, Stimmungslabilität und Ängste sind die Folgen (vgl. Bausum/ Besser, 2013, 70). Die innere Last äußert sich dabei zum Beispiel bei Gerrit als Belastung der Umwelt. Die Umwelt nimmt dieses Verhalten oftmals als „schwererziehbar" wahr.

2.1.1 neurobiologische Aspekte eines Traumas in der Kindheit

„Das Trauma liegt nicht im Ereignis; es ist vielmehr so, dass sich das Trauma im Nervensystem befindet" (Gahleitner/Hensel, 2016, 32 aus Levine/Frederick, 1998, 6).

Besonders werden in der Kindheit und Jugend die ersten und im weiteren Verlauf alle grundlegenden Erfahrungen positiver und negativer Art, je nach Häufigkeit und emotionaler Intensität zu basalen Reaktionsmustern herausgebildet und durch neuronale Strukturbildung dauerhaft geprägt. Die Hirnentwicklung wird maßgeblich durch Erfahrungen von sicherem, unsicherem, diffusem oder gar bedrohlichem Bindungsverhalten der wichtigsten und ersten Bezugspersonen beeinflusst. Negative und bedrohliche Lebenserfahrungen- d.h. traumatische Erlebnisse in Form von Kindesmisshandlung durch Vernachlässigung, physische oder sexuelle Gewalt und emotionalen Misshandlungen, führen dazu, dass Kinder die ihnen zur Verfügung stehenden angeboren archaischen Überlebensreaktionen von Übererregung, Bindungssuche, Kampf-, Flucht-, Erstarrungsreaktionen und Unterwerfungsverhalten häufig nutzen müssen. Dies verändert Gehirne in ihrer Funktion und biologischen Struktur so, dass dadurch massive psychische du kognitive Auffälligkeiten, Defizite und Störungen entstehen. Insbesondere die traumatischen Auswirkungen von emotionalen Misshandlungen durch dauerhafte seelische Grausamkeit mit lautstarken Drohungen, Beschimpfungen,

Abwertungen, Demütigungen, Erniedrigungen und Augenzeugenschaft dürfen nicht unterschätzt werden. Traumatische Erlebnisse führen zu einer Koppelung der in der traumatischen Situation aktivierten sensorischen, emotionalen und körperlichen Verarbeitungs-und Reaktionsmuster. Nachfolgend kommt es zur Bahnung der zur Vermeidung dieser aneinander gekoppelten Muster gefundenen Bewältigungsstrategien. Die Überflutung von Stresshormonen führt dazu, dass vorhandene synaptische Verschaltungen aufgelöst werden. Gleichzeitig können neue differenzierte Netze nicht aufgebaut oder stabilisiert werden. Das Gehirn ist traumatoplastisch strukturiert, was bedeutet, dass Überlebensreaktionen automatisiert werden. Auf diese Reaktionen wird in weiteren Situationen reflexartig zurückgegriffen. Hierzu reichen oft schon kleine alltägliche Stress-Anlässe aus, denn solche fest verkoppelten traumabasierten neuronalen Netze können jederzeit durch die verschiedensten sensorischen Schlüsselreize aktiviert, „getriggert" werden. Es werden im Rahmen solcher Flashbacks weiterhin Teilaspekte, insbesondere Gefühls- und Körperreaktionen aus der alten traumatischen Situation so erlebt, als ob das Ereignis im Hier und Jetzt nochmals abläuft. Gerrit erzählte zum Beispiel einmal, dass er bei seinem Vater als Kind gefesselt wurde. In einer weiteren Begleitung berichtete mir Gerrit über einen Vorfall in der Schule: Er wurde von seinen Mitschülern geärgert, daraufhin sei er laut geworden. Die Lehrerin nahm eine Decke und hat diese um ihn gewickelt und ihn festgehalten. Er erzählt, dass dann gar nichts mehr ging und er ganz und gar „ausflippte". Hier wurde Gerrit getriggert. Gerrit und Nico konnten keine Sicherheit gegebenen Bindungserfahrungen machen, woraus sind neuronal verankert unsicher-desorganisierte Bindungsmuster und Bindungsstörungen entwickelten. Oft aktivieren schon bei ihnen schon kleine Frustrationen durch Anforderungen oder Misserfolgserlebnisse, die gebahnten Notfallmuster von Kampf, Flucht, Dissoziation bei gleichzeitig aktivierten Bindungssystem und dem meist sichtbaren widersprüchlichen und dysfunktionalen Beziehungsverhalten. Die neuronal fest verschalteten Muster bestimmten bei Nico und Gerrit im Hier und Jetzt ihre Wahrnehmung, das Denken, Gefühls- und Körperreaktionen, Lern-, Leistungs- und Beziehungsverhalten. Ebenso bestehen bei Gerrit Verhaltensauffälligkeiten in Form von depressiven Zuständen, das Gefühl des Ausgeliefertseins, Schmerz- und Körpermissempfindungen und aggressive Impulsdurchbrüche, welche oft scheinbar ohne sicher erkennbaren Grund unerwartet auftauchen (vgl. Bausum/Besser, 2013, 46-48).

2.1.2 Folgen traumatischer Erfahrungen

Aufgrund der entstandenen, neuronalen Verschaltungen im Gehirn leiden traumatisierte Menschen im unterschiedlichen Ausmaß an Angstzuständen, Panikanfällen, Unruhe, Übererregung, Schlafstörungen, Gereiztheit und Impulsivausbrüchen, Konzentrations-, Leistungs- und Beziehungsstörungen und somatische Beschwerden. Traumatisierte Menschen sind schnell erregbar, weil sie gelernt haben, auf Bedrohliches achten und reagieren zu müssen. Reize werden von Gerrit und Nico des Öfteren missdeutet oder nicht wahrgenommen und die Gegenwart, Vergangenheit und Zukunft können nicht miteinander verknüpft werden. Dadurch können sie sich auf alltägliche Erfahrungen nur schwer einlassen, weshalb sie sich aus den Lernprozessen zurückziehen. Hierbei werden Blockaden aufgebaut, weil sie dem System, wie schulische Inhalte vermittelt werden, nur schwer standhalten können (vgl. 56). Nico und Gerrit sind in ihrer sozial- emotionalen Entwicklung so erschüttert, dass sie sich kaum auf Inhalte konzentrieren können. Auch sie zeigen Wahrnehmungsstörungen, Konzentrationsschwächen und extreme Unruhe. Gerrit reagiert sehr schnell wütend, wird unerreichbar oder schweift in eine Fantasiewelt ab. Auch Nico hält Zuwendung und Leistungsdruck kaum aus und erscheint dadurch wie blockiert. Die Lehrkräfte selbst erfuhren womöglich nicht von den Ursachen der Verhaltensauffälligkeiten, weil das Verhalten von Nico und Gerrit oft als faul, beabsichtigt provozierend und trotzig beschrieben wurde. Daraus entstanden zunehmend Teufelskreise, sodass insbesondere Gerrit nicht mehr in die Schule gehen wollte, weil er sich von seinen Lehrern nicht verstanden fühlte. Es gilt zu beachten, dass traumatisierte Kinder in ihrer Bindungsdynamik erschüttert sind und Bindungsmuster entwickeln, die es ihnen schwer machen, Nähe zuzulassen. Es bestehen Verlustgefühle von Sicherheit, weshalb es ihnen nicht leicht fällt, sich auf Hilfe anderer zu verlassen. Vielmehr überwältigen sie die Gefühle von Angst, Wut und Verzweiflung, weshalb sie Strategien entwickeln, um mit diesen Gefühlen überleben zu können. Gerrit vermeidet deshalb zum Beispiel stabilisierende Bindungen, weil er bzw. sein Gehirn, nicht gelernt hat, wie die positiven Gefühle mit den früher erfahrenen Gefühlen und Situationen zu vereinbaren sind. Möglicherweise provozieren Gerrit und Nico deshalb eine ablehnende Haltung der Lehrer ihnen gegenüber heraus. Nico überspielt seine Unsicherheiten insbesondere mit Unruhe, Aktionismus, Destruktivität und mit dem konstruieren einer Fantasiewelt. Wenn Nico provoziert und Personen und deren Hilfe ablehnt, funktioniert sein Schutzmantel. Es gelingt ihm kaum Hilfe zu holen und auf Hilfe anderer zu vertrauen. Konflikte können dementsprechend selten konstruktiv gelöst werden. Es fällt ihm schwer, sich mit sich selbst und dem eigenen Handeln auseinanderzusetzen. Gerrit und Nico sind so damit beschäftigt, bekannte, traumatisierende Szenen wiederherzustellen, dass sie keine Energie für kognitive Lernprozesse haben. Auf Lernsituationen können sie sich schwer einlassen, weil ihr Gehirn wenige Schaltungen hat und selten Verbindungen entwickeln, die Lernen im schulischen Sinne ermöglichen (vgl. Bausum/ Besser, 2013, 57 ff.).

2.2 Was brauchen verletzte Kinderseelen?

Wenn Kinder und Jugendliche körperlich und kognitiv erfahren, dass sie dazu in der Lage sind, Einfluss auf ihre Emotionen und Empfindungen zu nehmen, wächst ihre Selbstwirksamkeit. Durch das Gefühl von Selbstwirksamkeit entsteht ein innerer sicherer Ort. Korrigierende Erfahrungen unterstützen den Einzelnen dazu, die Fähigkeiten und Fertigkeiten herauszubilden, die durch das Traumata nur unzureichend entwickelt werden konnten. Dazu zählt die Selbst-und Körperwahrnehmung, die Selbstwirksamkeitserwartung, Selbstbehauptung, Beziehungsgestaltung, das Verstehen der Verhaltensintentionen von anderen Menschen und die Emotionswahrnehmung- und Regulation. Für die Begleitung traumatisierter Menschen stellt die Traumapädagogik ein wichtiger Begriff dar. Traumapädagogik bedeutet, dass eine einzelfallbezogene Vorstellung davon entwickelt wird, welches Ausmaß und welche Art von Stress für ein Kind geeignet ist, wann eine konstruktive Entwicklung angestoßen werden kann und wann Überforderung droht. Dabei brauchen die Adressaten Spielräume, um ihre Selbsthilfekräfte zu aktivieren (vgl. Bausum/Besser, 2013, 31).

2.2.1 Rahmenaspekte einer „Pädagogik des sicheren Ortes"

In der Begegnung und Begleitung von traumatisierten Adressaten setzt eine nach Kühn „Pädagogik des sicheren Ortes" folgendes voraus: die Gestaltung sicherer Orte für die Betroffenen, die Gestaltung emotionaler Dialoge zwischen Kind und PädagogIn, die Gestaltung geschützter Handlungsräume für die PädagogInnen. In diesem Sinne sind PädagogInnen Sicherheitsbeauftragte, Sprachforscherhelfer und Entwicklungshelfer (vgl. Bausum/Besser, 2013, 32 ff.)

Traumatische Erlebnisse beeinflussen im hohen Maße den Umgang eines Menschen mit Stress. Auch das Selbstwertgefühl wird beeinträchtigt und der von der Welt sichere, verlässliche Ort wird als störend wahrgenommen. Der erfahrene Verlust von Sicherheit in der äußeren Welt als einen sicheren Ort zerstört die Wahrnehmung eines inneren Sicherheitsgefühls des Menschen. Damit dies überwunden werden kann, bedarf es der Erfahrung der wieder zu erlangenden inneren sicheren Orts eines äußeren sicheren Orts. Dies bedeutet, dass der Adressat verlässliche, einschätzbare und zunehmend zu bewältigende Lebensraum- und Alltagsbedingungen benötigt, wie zum Beispiel wiederkehrende, sichernde Angebote/ Aktivitäten. Es ist ein langer Prozess bis die traumatisierten Menschen die Umwelt erneut als sicher begreifen können (vgl. 33). Somit waren die Begleitungstermine für Nico zum Beispiel sehr wichtig. Als ich einmal krank war und einen Termin nicht wahrnehmen konnte, stürzte für ihn der äußere sichere Ort weg und zeigte in der darauffolgenden Begleitung eine starke innere Unsicherheit. Rituale waren für Nico und Thalea sehr wichtig, wie zum Beispiel das Vocabeln- Aufgabenblatt und das ritualisierte Kühe füttern. Gerrit selbst konnte sich nur sehr schwer auf äußere sichere Orte einlassen, wie zum Beispiel die Kontinuität der Besuche. Dies hängt damit zusammen, dass er im Gegensatz zu Nico noch sehr stark im Familiensystem mit seiner Mutter verankert ist und hier große Ambivalenzen bestehen, während sich Nico emotional zunehmend besser abgrenzen kann.

Traumatisierte Kinder und Jugendliche handeln im Sinne individueller Überlebensstrategien entwicklungslogisch, welche als erworbene sinnhafte Kommunikationswege des Kindes mit seiner Umwelt zu verstehen sind. Ohne emotionale Berührung bleiben kognitive Apelle, das unangepasste Verhalten aufzugeben, erfolglos. Durch den emotional- orientierten Dialog erlangt das Kind die Fähigkeit, neues Vertrauen zu seiner Umgebung und deren Menschen aufzubauen. Zunächst können Menschen mit traumatischen Erfahrungen Unaussprechliches nicht verbal kommunizieren, da ihnen noch ein bewusster Gedächtniszugriff versperrt ist. Weil die Erinnerung jedoch als körperliche Erinnerung weiterhin existiert, ist die überwältigende Emotion oder diffuse Vermeidungserregung ständig präsent. Hier ist es wichtig den Adressaten eine behutsame, geduldige und aushaltende pädagogische Begleitung anzubieten. Dadurch können die Adressaten den Umgang mit eigenen Emotionen, im Sinne von Selbstwahrnehmung, Selbstkontrolle und Selbstwirksamkeit wieder erlangen. Die Aufgabe der PädagogInnen ist also eine neue gemeinsame Sprache und damit eine verändere zwischenmenschliche Kommunikation zu entwickeln, um dem Kind einen ressourcenorientierten Zugang zu sich selbst und zu seinen Mitmenschen zu ermöglichen (vgl. Bausum/Besser, 2013, 34).

Ein geschützter Handlungsraum bedeutet, dass nicht nur der Schutz des Adressaten, sondern auch der des Betreuenden eine zentrale Rolle spielt. Pädagogischer Auftrag ist es, Entwicklungsräume zu schaffen, in denen sich die Adressaten zu selbstbestimmten Persönlichkeiten entwickeln können. Das Feld für alle Beteiligten muss dabei jedoch sicher gestaltet sein, ohne dass die Fachkräfte unter Überlastung leiden. Ein geschützter Entwicklungsraum der Adressaten braucht auch einen geschützten Handlungsraum der PädagogInnen (vgl. Bausum/Besser, 2013, 34). Diesen geschützten Handlungsraum hatte ich bei Nico nur teilweise, Nico stand zeitweise unter Kontrolle seitens der Gasteltern während ich anwesend war und die Gasteltern selbst überforderten mich vereinzelt mit Erzählungen, die nicht in meinen Verantwortungsbereich lagen.

2.2.2 Beziehungsvariablen

Nur wer sich angenommen und geborgen fühlt, kann sich entwickeln und entfalten. Die Grundlage des Selbstempfindens ist die Wertschätzung durch andere. Bei Gerrit und Nico misslang der basale Prozess der bedingungslosen Wertschätzung durch die eigenen Eltern, während dies bei Thalea ihren Vater betrifft. Dadurch gerieten die Kinder in ein Ungleichgewicht, weshalb statt Optimismus, Neugier und Tatendrang- Wut, Trauer, Selbstaufgabe und Selbsthass Nicos und insbesondere Gerrits Wahrnehmung und ihr Handeln bestimmen. Für Thalea bildet die Mutter ein wichtiges Stärkungssystem, weshalb sie die Repräsentationen zum Vater besser bewältigen kann. Für Nico war die kontinuierliche Beziehung zu seinen Gasteltern sehr bedeutend, da er dadurch neue Wertschätzung, Halt und äußere Sicherheit erfuhr. Das Gleichgewicht konnte wieder hergestellt werden, während sich Gerrit weiterhin in einem Ungleichgewicht befindet. Durch das Handeln und die Wahrnehmung, welche von Wut, Trauer, Selbsthass und Selbstaufgabe bestimmt sind, beginnt ein Teufelskreis, weil die Umwelt darauf entsprechend mit Gegenwehr, Verachtung und Ablehnung reagiert. Dies war insbesondere im schulischen Kontext von Gerrit der Fall. Das Verhalten von chronischer Missachtung ist bestimmt von Depression, Provokation und Destruktivität (vgl. Bausum/ Besser, 2013, 96). Das negative Selbstbild, mangelndes Selbstvertrauen und die Angst zu versagen sind übermächtig. Gerrit und Nico kennen die Situation und die Gefühle des „Gut-Seins" nicht und können sie nicht in ihre Gefühlswelt integrieren. Sie zeigen Vermeidungsstrategien, um möglichem Versagen zuvorzukommen. Wenn Nico z.B. lange nach seinen Aufgabenblättern sucht, obwohl sie da sind, kann dies aufgrund seiner Wahrnehmungsstörung, einer Lernabwehr oder Versagensängste geschehen (vgl. Bausum/ Besser, 2013, 97). Bei traumatisierten Kindern und Jugendlichen ist es deshalb notwendig, dass ein Raum stabiler sozialer Beziehungen gestaltet wird. Lebensgeschichtlich belastete Menschen brauchen vor allem Zeit und viel Geduld, um sich zu verstehen, ihre Selbstregulation zu lernen, selbstwirksam zu werden und um gute Beziehungen eingehen zu können. Auch müssen die Kinder so gesehen werden, dass sie ihre eigene Geschichte und ihre eigenes Bild von der Wirklichkeit haben und deshalb sich jedes Kind für sich als sinnvoll verhält. Sein Verhalten hat in einer bestimmten Situation in einem bestimmten sozialen Zusammengang und unter bestimmten Bedingungen einen Sinn. So muss allen Beteiligten klar sein, dass Gerrits aggressives und ablehnendes Verhalten nicht gegen einen persönlich gerichtet ist. Gerrit verhält sich seiner subjektiv logischen Bewältigungsstrategie entsprechend. Für uns als PädagogInnen gilt, dass wir die neuronal fest verdrahten dysfunktionalen Muster erst einmal als normale Reaktionen auf unnormale Erlebnisse erkennen, einordnen und so darauf reagieren, dass sich die ursprünglichen traumatischen Beziehungserfahrungen nicht wiederholen. Die Sicherung von kontinuierlichen Beziehungen in sicheren Orten kann dazu führen, dass sich Gerrit, Nico und Thalea dem Wagnis von Vertrauen und Beziehung erneut aussetzen und kohärente Bindungsrepräsentationen entwickeln. Sie benötigen einen sicheren Raum, in dem sie über ihre Sorgen reden können. Ebenso ist es bei lebensgeschichtlich belasteten Menschen wichtig, Unterstützungsangebote aufzubauen, die auch mittel-und langfristig gehalten werden. Für Nico ist es z.B. ein identitätssicheres Angebot, dass er bereits seit vier Jahren bei seiner Gastfamilie lebt (vgl. Bausum/Besser, 2013, 16). Thalea erlebte anhand erlebnispädagogischer Angebote eine bessere Körperwahrnehmung, Erfahrungen von Selbstregulation und die Lösung fixierter Zustände, Entlastung und Selbstwirksamkeit. Weil Thalea Menschen begegnete, die ihr mit Respekt, Verständnis und Bereitschaft zur Beziehung entgegen traten, konnte sie ihre verinnerlichten Beziehungsrepräsentationen verändern. Es ist dabei eher nebensächlich, ob dies im familiären, pädagogischen, therapeutischen oder psychiatrischen Kontext geschieht. Bedeutend ist vor allem, dass diese Kinder auch in den anderen Sozialisationsinstanzen mit dem gleichen Respekt, Verständnis und der Bereitschaft zur Beziehung aufgenommen werden. Das bedeutet, dass auch in Kindertagesstätten und Schulen die Lehrkräfte und PädagogInnen dazu bereit sein müssen, die Coping- Strategien zu verstehen und nicht als Trotz und mangelnde Bereitschaft zu interpretieren. Diese Sozialinstanzen entscheiden wesentlich über die Möglichkeiten sozialer Teilhabe (vgl. Bausum/Besser, 2013, 17). Ich denke diese Unterschiede werden besonders bei meinen Adressaten gut dargestellt. Während Thalea sehr positive und verständnisvolle Sozialinstanzen z.b. durch den Kindergarten erlebte, war dies bei Nico nur teilweise und bei Gerrit nicht der Fall. Hier setzte das Handeln nicht zuerst das Verstehen voraus, das Verhalten wurde vorwiegend als Trotz und mangelnde Bereitschaft interpretiert. So verlaufen die Lebenswege und die soziale Teilhabe unter meinen Adressaten recht verschieden. Interessant ist jedoch, dass alle drei Adressaten sehr angesprochen von erlebnispädagogischen Aktivitäten waren. Darauf möchte ich nun kurz als kleinen Praxisteil eingehen und Möglichkeiten nennen, wie Kinder und Jugendliche mit traumatischen Erlebnissen des Weiteren unterstützt werden können.

2.3. korrigierende Erfahrungen und Lernprozesse durch die Erlebnispädagogik

Klettern, Paddeln, Spielen im Wald, Gipfel besteigen, Höhlen erforschen, herausfordernde Aufgaben, Einsamkeit in der Natur, Lagerfeuer… Erlebnispädagogik hat natürlich etwas mit Erlebnissen zu tun: Abenteuerliches, Nichtalltägliches, Herausforderndes, manchmal etwas, das einen an die eigenen Grenzen stoßen lässt, einem Erkenntnisse über die eigene Person und neue Einsichten über das Leben, die Welt, die Mitmenschen, Sinn und Ziel etc. ermöglicht. Vorwiegend begleite und begleitete ich meine Adressaten im Bereich der Erlebnispädagogik: Bauernhof erkunden, Tiere besuchen, Bogenschießen, City Bound, Klettern… Während diesen Aktivitäten waren viele Lernprozesse bzgl. des eigenen Gefühls- und Körperempfindens bei Gerrit, Nico und Thalea erkennbar. Erlebnispädagogische Aktivitäten greifen die Ziele der Traumapädagogik mit auf, weshalb ich diese Aktivitäten als sinnvoll für lebensgeschichtlich belastete Menschen erachte. Der Grundgedanke der Erlebnispädagogik ist, dass durch eigenes Erleben besonders nachhaltiges Lernen möglich wird. Es geht dabei um ein Lernen durch die eigene Person und ein Lernen für die ganze Person (vgl. Paffarth, 2013, 52-59). Als Beispiel: Nico war am Bogenschießen. Nachdem er erfolgreich die Luftballons abgeschossen hatte, sprach er darüber, dass man manchmal viel mehr schafft, als man sich selbst zutraut- wenn man nur nicht aufgibt und bei seinem Ziel bleibt. Im Anschluss sagte er bei einem englischen Aufgabenblatt zu sich selbst „Ich schaff das schon!". Bei Thalea ging es kürzlich um das Thema „Selbstvertrauen", was ich im Hochseilgarten aufgriff. Natürlich kann man auch auf dem Boden Schritt für Schritt an eigene Grenzen gehen und Selbstvertrauen üben- aber wer im Hochseilgarten mehrere Meter unter zitternden Beinen spürt, das Seil nicht loslässt, unter motivierenden Zurufen und mit eiserner Entschlossenheit einen weiteren Schritt wagt und sich dann mit Stolz und einem lauten Seufzer ins sichernde Seil fallen lässt- für den hat die Verbindung zwischen Thema und Aktion einen noch ganz anderen Gehalt. So ein Erlebnis wirkte bis tief unter die Haut, was auch bei Gerrit lediglich anhand einer Unterhaltung über den Hochseilgarten erkennbar war. Auch das Bogenschießen beinhaltet in jedem einzelnen Bewegungsablauf eine metaphorische Ebene. Zum Beispiel ist das Loslassen bei traumatisierten Adressaten ein wesentliches Element: Wenn der Pfeil fliegen soll, muss ich die gespannte Sehne loslassen. Nun konnte Gerrit während der Zeit des Bogenschießens die aktuellen oder anhaltenden Schwierigkeiten in seinem Leben nicht loslassen. So konnte er auch zu Beginn des Bogenschießens nicht so einfach loslassen. Auf metaphorischer Ebene besteht hier ein Zusammenhang. Durch systemische Fragen (Welcher Teil des Ablaufs gefällt dir am besten? Welcher Teil fällt dir nicht besonders leicht? etc.) wird dem Klienten ermöglicht die Symbolik und Metaphorik des Bogenschießens mit der eigenen Lebenssituation in Verbindung zu setzen, was insbesondere Nico sehr intensiv reflektierte, als es darum ging, bei seinem Ziel zu bleiben. Für lebensgeschichtlich belastete Menschen sind folgende Ziele des Bogenschießens von großer Bedeutung: die innere Stärke entwickeln, das Körpergefühl entdecken, Ruhe finden, Stärkung des Gefühlsausdrucks, innere Prozesse beenden und in Ganz setzen, Selbstvertrauen stärken und den Einklang mit sich selbst verwirklichen (vgl. Schäfer, 2015, 45 ff.). Auch die tiergestützte Intervention ist sehr bedeutend für Menschen, die lebensgeschichtlich belastet sind. In meiner heilpädagogischen Begleitung habe ich mehrmals erlebt, dass Nico, Gerrit und Thalea selbst den Kontakt zu Tieren suchen und eine andere Gemütslage einnehmen. In der tiergestützten Intervention geht es vor allem um die Bereiche Selbstvertrauen, Selbstwertgefühl und Selbstbewusstsein, die emotionale Selbststeuerung, Anpassungs- und Kompromissbereitschaft, Frustrationstoleranz, Empathie und sozial- antizipierendes Denken, soziale Zuverlässigkeit, Selbstbemächtigung. Tiergestützte Interventionen können dazu beitragen, Menschen mit einem schwachen Selbstwertgefühl in der Situation mit dem Tier Akzeptanzerleben, Zuwendung, Ermutigung zu geben und so sein Selbstbild und damit sein Selbstwertgefühl positiv zu beeinflussen. Gerade für Gerrit und Nico ist dies von großer Bedeutung, weil sie durch ihre Verhaltensauffälligkeiten unzureichend in ihrer Person akzeptiert und wertgeschätzt wurden. Die im Lebensstil bereits frühzeitig grundgelegten Folgerungen aus Lebensgegebenheiten und sozialen Erfahrungen von Thalea, Gerrit und Nico in Form von Vorstellungen und Meinungen über sich selbst, andere Menschen, die Welt und das Leben, können in der Begegnung mit dem Tier durch andersartige Erfahrungen eine Korrektur oder zumindest eine Erschütterung erfahren, die Veränderungsprozesse anstoßen kann. Durch die Stärkung des Selbstwertgefühls aufgrund der Erfahrung mit dem Tier, gebraucht, gemocht und akzeptiert zu werden, besteht die Möglichkeit, diese Erfahrungen und in der Interaktion mit dem Tier Gelerntes auf soziale

Situationen mit Menschen übertragen zu können. Soziale Ängste, die Gerrit den Umgang mit anderen oft erschweren, verhindern oder in sozial nicht akzeptable Bahnen lenken, können im Umgang mit dem Tier eher abgebaut werden, als im Umgang mit Menschen. Ein zutrauliches, kuscheliges Tier kann Ängste reduzieren oder aufgrund ihrer beruhigenden Wirkung die gesamte Situation entspannen (vgl. Vernooij/Schneider, 2013, 129).

3. Fazit

3.1 Darstellung der gewonnenen Erkenntnisse

Für mich war es sehr wichtig, diesen Themenbericht zu verfassen, da ich zunehmend während der heilpädagogischen Fachpraxis bemerkte, dass Gerrit und Nico eine Lebensbiografie haben, welche traumatisierend gewesen sein könnte bzw. war. Durch diesen Bericht konnte ich das Verhalten der Jugendlichen viel besser verstehen. Auch zu Erzählungen von Gerrit kann ich nun besser Verbindungen dazu schaffen, dass er sehr belastet ist. Für mich kristallisierte sich in der Auseinandersetzung mit der Traumapädagogik zunehmend heraus, dass hier die Erlebnispädagogik sehr gut andocken könnte. Hauptsächlich arbeitete ich erlebnispädagogisch. Diese Richtung entwickelte sich, weil Nico und Gerrit erzählten, wie gerne sie klettern gehen, Bogenschießen ausprobieren möchten und dass ihnen Tiere sehr wichtig sind. Auch Thalea klettert gerne und sucht den Kontakt zu Tieren. Ich gehe deshalb davon aus, dass Kinder mit seelischen Verletzungen selbst das Bedürfnis nach erlebnispädagogischen Aktivitäten haben und diese förmlich suchen. Setzt man sich mit dem Grundgedanken und den Zielen der Erlebnispädagogik auseinander, erscheint dies nicht sehr abwegig, denn durch die Erlebnispädagogik erhalten die Kinder genau das, was ihnen fehlt bzw. in ihnen erschüttert wurde. Ich setzte mich noch einmal mit den Inhalten einer Fortbildung auseinander, welche ich zum Thema Erlebnispädagogik gemacht hatte. Hier fand ich heraus, wie sehr ich nach dem Lernzonenmodell gearbeitet habe. Die Komfortzone ist die, in der für die Person alles im „grünen Bereich" ist. In diesen Situationen wurden schon viele gute Erfahrungen gemacht, man fühlt sich wohl, ruhig; zum Beispiel auf dem Sofa, Hobbys, auf dem sicheren Boden. In dieser Zone befand sich sehr oft Gerrit. Er machte viele positive Erfahrungen in seinem Zimmer und konnte hier seinen Interessen nachgehen. Das Zimmer war seine Komfortzone und sein sicherer Boden. Diesen zu verlassen, fiel ihm aufgrund negativer Erfahrungen, sobald er diese Zone verließ, sehr schwer. Die Lernzone geht einen Schritt weiter, welchen ich oft mit Gerrit machte- auch wenn dies oft nur sehr kleine Schritte waren. In dieser Zone wird es herausfordernd, es besteht eine leichte Anspannung und Nervosität. Auch läuft nicht alles immer leicht, weshalb man auch gerne wieder in die Komfortzone zurück möchte. Andererseits ist es gewinnbringend, den sicheren Boden zu verlassen und neues zu wagen, wie zum Beispiel:

- mit Gerrit in die Stadt gehen
- Bogenschießen mit Nico und Gerrit
- Neue Aufgabenblätter für Nico
- Hochseilgarten mit Thalea
- Bauernhofbesuche und den Kontakt zu Tieren mit Gerrit und Thalea

In vielen Begleitsituationen traten die Adressaten aus ihrer Komfortzone heraus und in die Lernzone. Schon allein meine Anwesenheit bzw. meine Begleitung lässt sich als Lernzone für die Adressaten betrachten, weil sie lebensgeschichtlich betrachtet unsichere Bindungserfahrungen gemacht haben.

In der Panikzone übernehmen die Gefühle von Angst und Panik das Kommando. Hier ist die Person nun völlig blockiert. Hier befand sich Gerrit in unserem ersten Begleittermin. Er stand in einem großen Konflikt mit seiner Schule und Gastmutter und war völlig blockiert. Auf mich konnte er sich an diesem Tag nicht einlassen.

Literaturangabe

- Bausum, Jacob/ Besser u.a. 2013. Traumapädagogik. Weinheim und Basel: Beltz Juventa Verlag, 3. Auflage
- Gahleitner, Silke Birgitta/ Hensel u.a. Traumapädagogik in psychosozialen Handlungsfeldern. 2016. Göttingen: Vandenhoeck& Ruprecht GmbH &Co., 2. Auflage
- Schäfer, Karl-Heinz. 2015. Therapeutisches Bogenschießen. München: Reinhardt Verlag
- Paffrath, F. Hartmut. 2013. Einführung in die Erlebnispädagogik. Augsburg: ZIEL Verlag
- Vernoij, Monika A./ Schneider, Silke. Handbuch der Tiergestützten Intervention. 2013. Wiebelsheim: Quelle& Meyer Verlag GmbH, 3. Auflage

BEI GRIN MACHT SICH IHR WISSEN BEZAHLT

- Wir veröffentlichen Ihre Hausarbeit, Bachelor- und Masterarbeit

- Ihr eigenes eBook und Buch - weltweit in allen wichtigen Shops

- Verdienen Sie an jedem Verkauf

Jetzt bei www.GRIN.com hochladen und kostenlos publizieren